NOTES
sur les
LA VRILLIÈRE
de
CHATEAUNEUF-SUR-LOIRE

(ANECDOTES, SATIRES, PORTRAITS)

par

P. A. LEROY

ORLÉANS
H. HERLUISON, ÉDITEUR
17, RUE JEANNE-D'ARC, 17

NOTES
SUR LES
LA VRILLIÈRE
DE
CHATEAUNEUF-SUR-LOIRE

(ANECDOTES, SATIRES, PORTRAITS)

PAR

P. A. LEROY

ORLÉANS
H. HERLUISON, ÉDITEUR
17, RUE JEANNE-D'ARC, 17

NOTES

SUR LES

LA VRILLIÈRE DE CHATEAUNEUF-SUR-LOIRE

(ANECDOTES, SATIRES, PORTRAITS)

La charge de secrétaire d'État se trouvait dans la famille Phelypeaux depuis l'année 1610 où Henri IV en avait pourvu Messire Phelypeaux seigneur de Pontchartrain. Celui-ci avait pour frère Raymond Phelypeaux, chevalier, seigneur d'Herbault, de la Vrillière et du Verger. Le second de ces titres était celui d'une terre située à Saint-Lubin en Vergonnois près de Blois. Le sire de Pontchartrain et son frère la Vrillière étaient tous deux fils de Louis Phelypeaux, conseiller au présidial de Blois ; ils avaient pour mère Radegonde Garraud. Le roi voulut qu'à la mort de Ponchartrain son frère lui succédât et il honora Raymond de la charge de secrétaire d'État en 1621 au camp devant Montauban. En 1626, il lui confia les Affaires Étrangères. « La fatigue qu'il eut d'un voyage que le Roi fit en Italie en une saison fort fâcheuse altéra tellement sa santé qu'il mourut à Suze, en Piémont, le deuxième jour de mai 1629 » (V. *Histoire des secrétaires d'Etat*, par Fauvelet-Dutoc, Paris, 1690). Le sire de la Vrillière avait épousé Claude Gobelin, fille de Balthazar Gobelin, trésorier de l'Épargne puis président en la Chambre des Comptes à Paris, et d'Anne Raconis. Il en eut trois fils et quatre filles.

Son second fils, Louis Phelypeaux, seigneur de la Vrillière et de Châteauneuf, fut baptisé à Saint-Eustache, à Paris, le 10 avril 1599. Greffier du Conseil privé en 1619, il devint, l'année suivante, Conseiller d'État. Il apprit de son père tout ce qui regardait sa charge et le Cardinal de Richelieu le proposa pour la remplir après la mort de celui-ci, malgré l'opposition du parti Marillac. Le roi naturellement accéda au désir de son tout-puissant ministre. Les faveurs se succèdent et Louis Phelypeaux en est comblé. Il obtient en peu de temps l'érection de sa terre en marquisat de Châteauneuf et y joint la Seigneurie de Vitry, son fils reçoit la survivance de sa charge et lui-même, en 1655, est encore gratifié du gouvernement de Jargeau. Le *Mercure de France* vante son affection pour les belles-lettres, pour les gens d'esprit et pour les beaux-arts, spécialement pour la peinture et la sculpture dont il semblait que la connaissance lui ont été naturelle. Les frères Gaspard et Balthazar Marsy, sculpteurs, natifs de Cambray, trouvèrent auprès de lui un accueil favorable. Il les fit travailler aux ornements de son hôtel de la rue des Petits-Champs et les recommanda à plusieurs personnes de qualité. (Muntz et Montaiglon, mémoires inédits de l'ancienne académie, t. 1er). A la tête de 150.000 livres de rente en biens fonds, il possédait de très beaux meubles et un grand nombre de tableaux rares. Tout porte à croire qu'il fut le véritable créateur de la galerie de Châteauneuf. Bien que le catalogue imprimé, qui se trouve à la Bibliothèque d'Orléans, soit daté de 1786, il est permis de penser que certains des tableaux mentionnés avaient déjà été réunis par L. Phelypeaux et que de ses descendants ils passèrent aux mains du duc de Penthièvre.

Le domaine de Châteauneuf entra dans la famille de la Vrillière par l'intermédiaire de Particelli d'Emery, beau-père de Louis Phelypeaux. Arrêtons-nous un instant devant la physionomie de l'habile surintendant, si mal traité par Tallemant des Réaux et par Voltaire qui dit de lui « Emery, dont l'âme était plus basse que la naissance ». Fils d'un banquier de Lyon, il épousa Marie le Camus fille de Nicolas le Camus et Marie Colbert. Nicolas Camus était venu à Paris avec 20 livres dans sa poche, mais il avait su s'élever puisqu'on le salua du titre de secrétaire du Roi puis conseiller du Roi. Marie le Camus, sa fille, était dévote ; Particelli ne le fut guère et fit, je crois, des traits à sa femme dont il se souciait peu. « S'étant, « dit Tallemant des Réaux, allé faire un voyage, pour n'avoir pas la « peine d'écrire à sa femme par les chemins il laissa plusieurs lettres « à Darsy... pour les donner selon leur ordre à Madame d'Emery. « Darsy, qui était un mauvais agent, ne considéra pas que cette « femme était tombée malade et que les lettres du mari ne pouvaient « plus servir ; il lui donna une lettre où il y avait : « Je suis ravi « d'apprendre que vous êtes toujours en bonne santé ». D'Emery est surtout connu comme ayant été l'ami de Marion de Lorme à qui il donna un collier, mais Marion .t le mettre en gage pour se tirer d'embarras au milieu de ses folles dépenses. Elle disait que d'Emery était d'un agréable entretien. Le fait est qu'il ne manquait pas d'esprit. Un jour Condé l'ayant traité de coquin : « Monseigneur, lui répondit-il, il y en a dans tous les états ». A un poète malheureux qu'il gratifia d'argent : « Monsieur, déclara-t-il, je vous ferai plaisir « de tout ce que je pourrai, mais à la charge que votre muse sera « muette pour moi. Les surintendants ne sont faits que pour être « maudits ». (1). A propos de ses amours avec Madame de la Bazinière, on fit courir un quatrain licencieux.

Son fils Toré; un fou lettré, lui causa de graves soucis et entreprit de ridicules procès contre son beau-frère, M. de la Vrillière. D'Emery fut envoyé comme ambassadeur près de Christine, duchesse de Savoie, qu'i sut maintenir dans l'alliance française. En 1643, Mazarin l'appela au poste de contrôleur général des finances. Pour faire des ressources au Trésor épuisé, il créa des charges bizarres (contrôleurs de fagots, jurés vendeurs de foin, crieurs de vin), vendit des lettres de noblesse et rançonna la magistrature. A la suite des démêlés avec le Parlement pour un nouveau tarif et peu après avoir été nommé surintendant général, il se vit forcé de donner sa démission.

Nanteuil grava le portrait du marquis de la Vrillière en 1652 et F. Mansard construisit pour lui à Paris un superbe hôtel dont la Banque de France occupe aujourd'hui l'emplacement. On y remarquait une longue salle voûtée en berceau qu'en 1645 François Perrier décora de compositions mythologiques.

L. Phelypeaux aima et embellit la terre de Châteauneuf. Son beau-père et sa femme, Marie Particelli, y moururent et lui-même y rendit le dernier soupir en 1681, à l'âge de 82 ans. Qui ne connait le mausolée élevé sur sa tombe, admiré en 1703 par Saint-Simon et en 1703 par M. Van Berg? Jusqu'ici le nom de l'auteur de ce groupe est resté dans le mystère. Il faut écarter les noms des frères Marsy morts avant le Marquis; il faut aussi pour le même motif écarter celui de Lerambert, mort en 1670, à qui l'on doit le monument du marquis de Dampierre, près de Gien. Peut-être pourrait-on attribuer le monument de Châteauneuf à Coysevox dont il rappelle la manière. Bosio semble s'en être inspiré dans le monument de Louis XVI (même pose, même ange). Le monument de Châteauneuf a été travaillé à Rome. Ce ne serait pas à mon sens une raison suffisante contre l'attribution à Coysevox, d'autant que celui-ci a fait le tombeau de Letellier, parent, si je ne me trompe, des la Vrillière. — Quoiqu'il en soit à cet égard, le plus beau souvenir qui soit resté du marquis n'est pas son tombeau, témoignage d'affection de sa famille, mais bien la renommée de ses vertus : Ce n'était pas seulement un Mécène mais « un homme d'une probité généralement connue et d'une très grande modération, entendu dans les affaires, exact dans les devoirs de sa charge, aimant l'État et la personne du roy, c'est-à-dire le Roy à cause de lui-même » (Mercure de France, 1681). Il apaisa un soulèvement en Normandie et servit utilement dans d'importantes affaires.

Balthazar Phelypeaux, fils du précédent, épousa Marguerite Marie de Fourcy, fille du premier mari de Mme Lepelletier. Rigaud fit, en 1693, le portrait des deux époux. Saint-Simon, avec sa verve mordante, les a dépeints tant au physique qu'au moral. M. l'abbé Bardin a cité quelques lignes où le spirituel écrivain rend hommage aux qualités de M. et Madame de la Vrillière et raille en même temps leur embonpoint, mais sa citation n'est pas entière. Madame de la Vrillère semblait à Saint-Simon « grosse comme un muid ». Dangeau confirme ce renseignement et rapporte à son tour qu'elle était extrêmement pesante. Secrétaire d'État depuis 1676, Balthazar avait dans son département, outre certaines provinces, les affaires des Huguenots. C'était une charge à peu près nulle depuis la révocation de l'Édit de Nantes. Saint-Simon insinue malicieusement que le titulaire, par son génie et sa personne, aurait encore accentué la nullité de sa charge, s'il eut été possible. M. de Boislile a découvert, dans les manuscrits français, ce couplet non moins satyrique :

> Châteauneuf, comme un bon bourgeois,
> Mène une douce vie ;
> On ne lui demande sa voix
> Que par cérémonie.
> Et quand il signe quelque édit,
> Il n'est guère plus instruit
> Que Jean de Vert.

La Satire, ici comme en beaucoup d'autres endroits, était excessive. Saint-Simon lui-même a dû reconnaître ailleurs le talent de Châteauneuf, son affabilité et sa constance dans l'amitié. Il faut compléter ce portrait en rappelant que Balthazar fit de son château un petit Versailles et que, par sa généreuse charité, il contribua puissamment à alléger la misère de son Marquisat.

Balthazar eut deux grands chagrins. Le roi, en effet, lui montra de la froideur et lui garda même rancune, paraît-il, d'un vote émis dans les affaires de Rome en 1688. Le secrétaire d'État sollicita vainement la survivance pour son fils. Il y tenait beaucoup comme condition d'un mariage projeté avec Mlle de Pomponne. Le roi n'ayant pas voulu donner la survivance, M. de Pomponne ne voulut pas donner la main de sa fille. Tout attristé, Balthazar de la Vrillière partit, en avril 1700, pour aller prendre les eaux de Bourbon ou de Vichy et s'arrêta, chemin faisant, sur sa terre de Châteauneuf. Cette étape devait être sa dernière. A peine arrivé, il parcourut les beaux jardins de son domaine où il aimait à surprendre les premiers sourires de la nature. Une promenade un peu prolongée épuisa ses forces. Il s'assit sur une pierre et s'y endormit bientôt d'un profond sommeil. Au bout d'une heure, il se réveilla tout transi de froid. On le porta au lit ; La fluxion de poitrine l'emporta avec une rapidité vertigineuse (V. Saint-Simon, notes de M. Boislile). Comme il mourut en

1700, c'est dans l'intervalle de 1681 à 1700 qu'il faut placer l'érection du tombeau paternel. Ce monument, à lui seul, suffirait pour attester son goût pour les beaux-arts. Châteauneuf laissait de grands biens à ses enfants ; Il n'avait que deux fils, le marquis et le chevalier de la Vrillière. Le duc de la Feuillade, l'ami de Voltaire et le futur gendre de la Chamillart, avait épousé sa fille, mais elle était morte sans enfants.

Le fils aîné était à Versailles quand on lui annonça la nouvelle que son père venait de mourir. Le Chancelier, leur parent, accepta ou offrit de solliciter de nouveau la survivance. C'était, on le sait, au lever du monarque, avant l'entrée des gentilshommes de la Chambre que se demandaient et s'obtenaient les plus insignes faveurs. Le Chancelier se rendit donc le matin chez le roi et, dès son réveil, l'entretint de cette affaire. Il lui fit part de la mort de Châteauneuf et lui manifesta le désir de voir accorder la charge du père au fils assagi par l'âge et attristé par le deuil. Louis XIV y consentit et joignit même à la survivance les fonctions de greffier de l'ordre du saint Esprit qu'avait eues le père ; tout le monde fut content, même le Chancelier à qui ce dernier honneur passa quelques jours sur la tête et qui, grâce à ce râpé, put désormais porter le cordon bleu. Dangeau nous apprend que le roi donna encore au nouveau marquis un petit gouvernement près de Châteauneuf ; ce gouvernement, nous le savons, était celui de Jargeau. Les Conseils du monarque étaient alors des ordres pour la noblesse. Au moment même où il accordait la survivance à M. de la Vrillière, Louis XIV, à qui on l'avait présenté, lui dit qu'il était temps qu'il se mariât à une fille de qualité. Le Chancelier supplia le roi de lui en choisir une. Sa Majesté prononça le nom de Mademoiselle de Mailly, qui naturellement fut agréée sur-le-champ. Françoise de Mailly était fille d'un comte de ce nom et d'une dame d'atours de la duchesse de Bourgogne. Elle subit avec une irritation violente le sort que d'autres auraient envié ; elle ne pouvait, elle ne devait jamais même s'habituer à être madame de la Vrillière et ne le montra que trop souvent. Ses parents sentirent bien l'aversion que leur fille éprouva, dès la première entrevue, pour son fiancé ; mais l'accord était fait et le roi avait parlé ; il n'était plus temps de rompre. Mademoiselle de Mailly, proclamons-le à son excuse, était bien jeune et le futur époux qu'on lui présentait avait seize ans de plus qu'elle. Il était sans doute dans une brillante position, on lui reconnaissait même du mérite et de l'esprit. Mais qu'importait cet esprit à Françoise ? Elle restait indifférente à la vue de la splendide maison de Paris que La Vrillière vendit d'ailleurs quelques années plus tard. Les jardins, parterres et fontaines de Châteauneuf n'avaient pas le don de la séduire comme ils avaient jadis charmé Mademoiselle de Montpensier. Elle faisait ouvertement la grimace à son futur et le traitait dédaigneusement de petit bourgeois malgré des parentés avec les Rochechouart, les d'Humières, les Beauharnais, les Fourcy et autres. Surtout elle ne pouvait se consoler d'avoir un homme si petit. Ce fut donc avec tristesse et pour obéir à des ordres supérieurs qu'elle se résigna à changer son nom contre celui de la Vrillière. Le 12 juin 1700, les fiançailles furent célébrées, et le contrat signé en présence du roi et de toute la Cour, dans l'appartement et le grand cabinet même de Madame la Duchesse de Bourgogne. La dot de la future était nulle. La Vrillière n'en reconnut pas moins avoir reçu 200,000 livres, mais le courtisan savait ce qu'il faisait. Il y parut bientôt quand Louis XIV lui continua la pension de 20,000 livres attachée à la secrétairie d'État.

Le mariage n'eut lieu à Versailles que six semaines plus tard; on dut attendre l'âge nubile de la fiancée. Le chancelier donna à déjeûner aux époux, à leur sortie de l'église. Ils dînèrent le soir et couchèrent chez la comtesse de Mailly ; le lendemain la cour en foule vint leur rendre visite.

La vanité humaine était la vie même des cours, mais le tourment qui les dévorait ; on n'a plus le droit de s'en plaindre, car, selon l'expression de Taine, notre petit habit noir est, comme leur habit brodé, tout chamarré de ridicule. Il faut lire les Mémoires du temps pour juger de l'importance sociale qu'avaient aux yeux des Grands les questions de préséance. Quand il s'agit, par exemple, de rapporter au roi les preuves de la noblesse de M. de Torcy, M. d'Avaux maître des cérémonies de l'ordre du Saint-Esprit, prétendit que c'était à lui de le faire et le roi le crut d'abord ; mais la Vrillière, comme greffier de l'ordre, ne sut supporter un tel empiètement. Habitué dès sa jeunesse à rendre compte des affaires au roi, il étudia ce point qui nous semble futile et fit à ce sujet au monarque un remarquable rapport. Quelques années plus tard, un conflit du même genre devait éclater entre lui et M. de Maillebois, lieutenant-général du Languedoc ; il s'agissait de savoir qui présenterait au roi les députations des États. Aussi tenait-on aux honneurs alors encore plus peut-être qu'aujourd'hui ; s'il vend cette charge en 1713 à M. de Lamoignon, la Vrillière obtient du roi de pouvoir continuer à porter le cordon bleu.

La Vrillière figura à toute occasion parmi les courtisans jusqu'à la mort de Louis XIV. Que devint-il ensuite ? Il continua à travailler avec le duc d'Orléans. Le petit roi, le rencontrant, le fit entrer un jour dans son cabinet et lui donna, pour travailler, des noisettes à éplucher, singulier début d'une collaboration : Habile courtisan, la Vrillière sut, par sa souplesse, contenter le public et le maître du jour. Aussi fut-il greffier du Conseil de Régence avec le titre de secrétaire d'État et bientôt voix délibérative. Il put encore tirer 12.000 livres de rente des États du Languedoc ; on lui confia en outre les affaires des États de Bourgogne, de Bretagne, d'Artois et de l'Assemblée de Provence.

Les missions qu'il eut à remplir par la suite furent quelquefois pénibles ; il semble cependant qu'il s'en acquitta toujours avec la suprême indifférence qui convenait à sa charge, soit qu'il s'agît de porter à d'Argenson, lieutenant-général de police, l'ordre de sa destitution, soit qu'en janvier 1718 il dût redemander à d'Aguesseau, l'austère chancelier, les sceaux de France et l'engager à se retirer à Fresne jusqu'à nouvel ordre. D'Aguesseau reçut cette nouvelle avec beaucoup de fermeté. Il demanda vainement à La Vrillière de voir le duc d'Orléans : ne pouvant qu'écrire, il tendit au secrétaire d'État sa lettre et lui dit : « Votre nom est bien fatal aux chanceliers. » — On sait quels troubles le système de Law causa en juillet 1720. Aux environs de la Banque, il y eut jusqu'à 10 ou 12 personnes étouffées, et, au milieu des clameurs de toute sorte, on porta trois des cadavres devant le Palais-Royal. M. de la Vrillière et M. le Blanc vinrent successivement parler à la foule : leur éloquence insinuante, leurs prières, leurs promesses parvinrent à calmer l'effervescence populaire. Notons aussi, à l'éloge de la Vrillière, que la Vrillière vit avec joie les tentatives conciliatrices qui devaient, en août 1720, rappeler le Parlement de Pontoise.

En 1716, madame de la Vrillière tomba malade et fut atteinte de la petite vérole. Madame de Mailly, sa mère et Madame de Listenois la soignèrent ; quant au mari, sa collaboration quotidienne et la crainte sans doute d'une contagion pour le monarque l'obligèrent à quitter la maison, dès les premiers symptômes. Madame de la Vrillière guérit.

On ne peut se faire une idée du dévergondage de médisances et de calomnies qui régnait déjà en 1724 sous Louis XV. N'alla-t-on pas jusqu'à prétendre que Madame la Vrillière aurait été choisie alors pour initier le jeune roi ou l'aider dans l'école du vice ? Trois poésies, d'une obscénité révoltante, roulent sur ce thème. L'une a pour titre *Momus fabuliste*, l'autre est dénommée *la joie de la Vrillière*; la dernière, la pire de toutes, s'appelle les *exploits de Madame la Vrillière*. Le lecteur n'attend certes pas de moi que j'étale sous ses yeux ces ordures. Je n'en retiens seulement que le désir ardent, prêté à Mme la Vrillière, de voir duc son mari. Elle est censée dire à ce sujet :

> Je veux en dépit des jaloux
> Qu'on fasse duc mon époux
> Lasse de le voir secrétaire.
> Je sais bien qu'on murmurera,
> Que Paris nous chansonnera;
> Mais tant pis pour le sot vulgaire

et plus loin

> Devenir duc est toujours beau.
> Il n'importe de la manière.

Le marquis de la Vrillière mourut en 1725 (au mois de septembre) sans avoir obtenu ce titre de duc qu'il convoitait sans doute mais, j'en suis convaincu, de tout autre manière. Quant à la marquise, devenue veuve, elle épousa en secondes noces le duc de Mazarin qui décéda au bout de trois mois de mariage. C'était assez pour orner de la couronne ducale la tête légère et pour combler les vœux de la plus consolable des veuves. Elle finit, dit-on, par se réunir avec un amant de bas étage.

On a de la Vrillière jeune un portrait gravé par Drevet d'après Gobert. Au moral, les *Mémoires de Massillon* le représentent comme « un homme attentif à plaire à tout le monde, très adroit à trouver les moyens de sortir des règles pour accorder des grâces, et d'ailleurs fort commode pour le duc d'Orléans puisqu'il n'inspirait de gêne ni par sa contenance ni par ses principes ».

Les Mémoires de Massillon devraient ajouter, pour être complets qu'il excella à soutenir les membres de sa famille. Son oncle, Monseigneur de Mailly, archevêque de Reims, fut si flatté d' ̶   une de ses lettres pastorales brûlées par ordre du Parlement ̶   nda à cette occasion une messe d'actions de grâce. Clément XI ̶   a cardinal *proprio motu*. Le Régent irrité ordonna à Villeron, ̶ seigne des gardes du corps, de se rendre à Reims défendre à l'archevêque d'en sortir et de porter la calotte, de la lui arracher même. Mais la Vrillière dépêcha à son oncle un courrier pour le prévenir de la colère du Régent et parer aux imprudences. Ainsi averti, le prélat put jouer Villeron de la belle manière.

A l'exemple de son père, la Vrillière aima Chateauneuf. Comme il avait augmenté les profits de sa charge, il incorpora à ses domaines et mit dans sa justice les seigneuries de Fay et de la Queuvre, dernier refuge du protestantisme à Jargeau. Les loisirs que lui laissaient ses fonctions, il les consacrait à sa terre. Je lis ainsi dans le journal de Dangeau, à la date du 26 mai 1716 « M. de la Vrillière va à Châteauneuf » et, en septembre 1718, je constate que M. de la

Vrillière revient à Châteauneuf où il va se délasser de ses travaux et ses soucis de la Cour.

Du mariage du marquis de la Vrillière avec Mademoiselle de Mailly, naquit, en 1705, un fils, Louis Phelypeaux, connu dans l'histoire sous le nom de comte de Saint-Florentin, baron d'Hervy et d'Yèvre-le-Chatel, seigneur de Boiscommun, Nibelle, Vitry etc... La comtesse de Mailly, mère de Madame de la Vrillière et nièce de Madame de Maintenon, originaire de la Saintonge, était une Sainte-Hermine. Beaucoup de ses parents calvinistes s'étaient réfugiés, à diverses époques, dans les États du duc de Brunswick ; des amitiés les avaient liés avec des familles influentes d'Outre-Rhin. Parmi elles on comptait la famille de Platen. Le neues allgemeine Deutsches Adels Lexicon du professeur H. Kneschke, cite deux familles de ce nom : l'une d'elles, celle je crois, qui nous occupe, figurait déjà avec des titres de noblesse, au XIIe siècle. Le comte de Platen avait une fille, Anne-Amélie, belle, bien faite, d'âge sortable pour le petit-fils de la comtesse de Mailly. On songea donc à un mariage. S'il fallait en croire Saint-Simon, ce ne serait pas seulement à cette cause naturelle mais aux intrigues de Dubois et au rôle honteux d'un détestable intrigant, Schaub, qu'on devrait attribuer le projet d'union du jeune la Vrillière avec Mademoiselle de Platen. Il n'en était rien. Cette page de Saint-Simon fait partie du brillant et non véridique morceau qu'il a consacré à Dubois, collègue de la Vrillière au Conseil. Après les études de MM. Baudrillart et Bourgeois, celles de M. Wiesener, qui sont basés sur les documents du Record office, ont fait pleine lumière à cet égard.

Le comte de Saint-Florentin avait pour sœurs la comtesse de Maurepas et la comtesse de Plélo. Le partage des biens et succession de feu Louis Phelypeaux, leur père, eut lieu par acte devant M. Durand, notaire à Paris, le 29 mars 1726, et attribua au fils le marquisat de de Châteauneuf-sur-Loire avec la seigneurie de la Queuvre. Cette seigneurie relevait en fief du duc d'Orléans.

La vie du nouveau propriétaire ressemblait beaucoup à celle de ses devanciers. Obligé par ses fonctions de passer la plupart de son temps à la Cour, il s'y trouva mêlé à tous les menus événements, ne négligeant aucune occasion d'être utile aux siens et de plaire. Sa situation le contraignait à se conformer aux caprices du Roi. Il se rendait à Châteauneuf, quand Louis XV, faisant trêve aux affaires, allait courir le cerf à Fontainebleau ou ailleurs. Quelques parents et des amis lettrés étaient ses hôtes à la campagne: tel le comte de Maurepas ; tel sans doute le poëte Colardeau qui l'eut pour protecteur et pour ami et qui devait mourir chez lui le 7 avril 1776 à Paris ; tel assurément, bien avant, Claude-Étienne de Richebourg, successivement avocat, militaire, romancier et journaliste. Ce poëte inférieur composa, à l'intention du comte de Saint-Florentin, séjournant alors à Châteauneuf, une églogue intitulée le Faune L'œuvre est assez fade. Elle commence par cette réminiscence de Virgile :

> Muses qui vous plaisez sous les gras pâturages
> A vous entretenir de bois et de rivages,
> Donnez à vos chansons un peu de dignité.
> On n'aime pas toujours tant de simplicité.
> Le lierre rampant et la verte fougère
> Aux grands ainsi qu'à nous n'ont pas le don de plaire.
> Offrez d'autres objets et scavez en choisir
> Qui puissent d'un ministre amuser le loisir.

Pour en finir d'un coup avec cette poésie locale et toujours médiocre, je joindrai ici quelques pièces chantées à Châteauneuf en l'honneur de son Seigneur. Voici d'abord comment un berger annonça, en 1755, l'arrivée du maître dans son domaine :

> Charmante Iris, tendre objet de mes feux,
> Enfin sèche tes pleurs, cesse d'être plaintive,
>   Phelypeaux répond à nos vœux.
> Viens, viens le voir sur cette rive.
> Tu le croirais, berger, sa riante douceur
> Nous cache de son rang l'éclat trop respectable.
>   Il a, du berger, la candeur.
> Oui, tu dirais qu'il ne sait qu'être aimable.
> D'abord en le voyant on lui donne son cœur.
> S'il se rappelle ici son rang et sa grandeur,
> Ce n'est que pour nous faire un sort plus désirable.

Et la bergère répond :

> Pourquoi, Tircis, me reprocher mes pleurs ?
> Depuis l'heureux moment qu'une égale tendresse
> Unit pour toujours nos deux cœurs,
>   Jamais je n'eus tant d'allégresse.
> Je vois tous nos bergers de leurs plus doux loisirs
> Entre les ris, les jeux, faire un heureux partage.
>   Phelypeaux comble leurs désirs.
> Disons, comme eux, en lui rendant hommage,
> Que nous coulons des jours exempts de tous soupirs
> Et qu'ils seront fêtés par la main des plaisirs.
>   Tant qu'il habitera ce paisible rivage.

La chanson se termine par un commun couplet du berger et de la bergère.

> Des flatteurs l'élégance importune
> Fait faire des vœux plus éloquens.
> Mais c'est sur l'autel de la fortune
> Que souvent ils brûlent leur encens :
> Nos cœurs, il est vrai, dans leur hommage
>   N'ont point le langage
>   Des fins courtisans.
> Le seul art des bergers et bergères
>   C'est d'être sincères.
>   Dans leurs sentiments

Les manuscrits de l'abbé Pataud qui nous ont fourni cette chanson en reproduisent une autre signée *par un habitant de Châteauneuf*.

> Quelles seraient donc ces merveilles
> Dont tout retentit en ce jour ?
> J'entends les échos d'alentour
> Dire sans cesse à mes oreilles
> Vive, vive, vive, sans fin

> Le comte de Saint Florentin.
> Où courez-vous, belle jeunesse,
> Quel Dieu ranime vos ardeurs ?
> On n'entend partout que des chœurs
> Répéter avec allégresse :
>   Vive etc...

> Je l'apprends, il vient de paraître
> Cet astre qui comble nos vœux.
> C'est lui qui réveille nos jeux,
> Courez les lui faire connaître
>   Vive etc...

> Oui, Phelypeaux, notre espérance,
> Répond enfin à nos désirs,
> Assez il causa de soupirs,
> Ils n'étaient que pour sa présence.
>   Vive etc...

> Nous le possédons, il nous aime,
> Il est tendre, il est généreux ;
> Son plaisir est de rendre heureux.
> Sa bonté pour nous est extrême.
>   Vive etc...

> Comment pouvons-nous reconnaître
> Dignement de telles faveurs ?
> Hélas ! nous n'avons que nos cœurs !
> Disons-lui qu'il en est le maître.
>   Vive etc...

Comme on le voit, à Châteauneuf, si la population était simple et naïve, dans les salons du château on était tout en bel air, aux grandes manières et les vers de Richebourg tendraient à faire croire que le noble seigneur goûtait médiocrement les pastorales qui devaient fleurir à Trianon. Il les appréciait surtout comme un hommage mais non comme un charme.

Aux divertissements purement champêtres, Saint-Florentin préférait Celles et ses fêtes ; Devant un cercle privilégié dont il faisait partie, sous les traits de la Nuit, Madame de Pompadour, accompagnée d'un brillant orchestre, chantait de fins couplets à la louange du roi. La belle Sultane ne pouvait y recevoir qu'avec plaisir ce ministre. Ne s'était-il pas docilement incliné devant le choix du monarque, tandis que Maurepas s'était posé en persifleur de la Favorite ?

En 1876, la démission de M. le garde des Sceaux Chancelier fit vaquer la charge de commandeur-secrétaire des ordres du roi. Le comte de Saint-Florentin en fut pourvu mais s'en démit bientôt après. Il fut aussi chancelier de la reine après la mort du marquis de Breteuil. Fleury eut souhaité un autre choix et l'on alla jusqu'à prétendre que la contrariété qu'il en éprouva le rendit malade ; mais la reine tint bon. Le Cardinal lui écrivit qu'il ne nommerait qu'une personne de sa convenance. La reine le prit au mot et désigna Saint-Florentin qui fut aussi le greffier puis chancelier de l'ordre du Saint-Esprit. Les honneurs, les dignités, les hauts emplois pleuvaient sur sa tête ; ses titres les plus importants furent cependant son ministère et la secrétairie d'État.

Ses principales administrations eurent trait au clergé, à la Maison du roi, à Paris et à sa Généralité, à certaines provinces et à presque tous les Parlements du royaume. M. Dupuy, dans l'éloge qu'il prononça de lui à l'Académie des Inscriptions et Belles-lettres, le représente, dans les affaires comme partout, ami de l'ordre et de la concorde, d'un accès prévenant et facile, séduisant par la douceur de son caractère. Peut-être ne faudrait-il pas prendre ses louanges au pied de la lettre et les accepter sans réserves. En matière religieuse, il dénote parfois dans sa correspondance une liberté d'esprit assez sage. Si les idées du temps et les siennes mêmes l'entrainaient dans la voie de l'intolérance, son caractère s'effrayait des conséquences de sa conduite. Il se creusait la tête pour élaborer un règlement mitigé sur les mariages. Comme les Protestants devaient abjurer avant de rentrer dans leur patrie, il cherchait à tourner la difficulté en supposant qu'ils n'étaient coupables que d'être sortis sans passseports. A propos des querelles de la magistrature et du clergé en Alsace, il s'adressa tour à tour à chaque partie pour recommander la modération. En général il suivit avec ménagement la voie dans laquelle s'engagea le gouvernement. Chargé d'expédier les lettres de cachet, il fit enfermer Baumarchais au Fort-L'évèque et celui-ci dut se résigner à implorer, dans une lettre du 21 mars 1773, « l'indulgence et la bonté » de M. de la Vrillière. On ne peut que louer la lettre qu'il adressa, le 5 juin 1769, au Supérieur général de la Congrégation de Saint-Maur, à qui il recommandait que les choix des religieux fussent dictés par des vues entièrement religieuses et éloignées de tout esprit d'ambition. Mais, son « indulgence » et sa « bonté » faisaient place à la colère quand ses hésitations, ses concessions étaient divulguées et qu'un journal (ex. le Courrier d'Avignon) paraissait, en les mettant à jour, prêter au souverain des tendances à la tolérance.

L'une de ses fonctions les plus agréables fut, je crois, celle de Ministre de la Maison du roi et de la Généralité de Paris. A ce titre, il fut en relations directes avec les Intendants des Menus. Il fut particulièrement jaloux des prétentions qu'affichaient, à l'encontre de son autorité, les premiers Gentilshommes de la Chambre. Papillon de la Ferté, qui se trouvait entre l'enclume et le marteau, en sut quelque chose. En 1763, la salle de l'Opéra fut brûlée de fond en comble. Saint Florentin négocia avec l'Intendant l'affaire du Transport de l'Opéra. C'était sous sa protection que, l'année précédente, s'était mise Mlle Arnoux, après l'éclatante rupture de l'actrice avec le comte de Lauraguais. Saint-Florentin eut à trancher parfois de singuliers différends. On s'amusa beaucoup, en 1752, d'une contestation qui s'était élevée à Saint-Denis entre les moines de l'Abbaye et les Gardes du corps, à propos du luminaire. Ceux-ci ne voulurent pas être nourris à l'abbaye, de peur d'objection contre leur privilège. Le ministre s'étant prononcé contre leurs prétentions, comme Pérette, ils perdirent tout, luminaire et nourriture ; le luminaire du chœur, à lui seul, représentait la bagatelle de 7 à 8.000 livres.

L'histoire a conservé le souvenir des droits seigneuraux en usage au XVIIIe siècle à Châteauneuf. Je ne m'occuperai ici que des redevances honorifiques. La Marine offrait un saumon ; les marguilliers donnaient un veau gras. Des honneurs du même genre furent rendus, en juillet 1769, au comte de Saint-Florentin, par les officiers de la bourgeoisie de Jargeau, dont il avait le gouvernement. Ces officiers

— 14 —

et les échevins sortant d'exercice allèrent complimenter le gouverneur, dès son arrivée à Châteauneuf. L'officier domestique et le tambour portèrent les présents accoutumés qui consistaient en deux gâteaux et douze bouteilles de vin.

Une chose est frappante dans l'histoire des la Vrillière. Courtisans de père en fils, ils mirent une suite peu commune d'idées et une adresse persévérante vers le but de leurs efforts. Grande leçon pour ceux qui, à toute époque, briguent les faveurs de la puissance monarchique ou populaire ! L'un d'eux mourut sans obtenir pour son fils la survivance de sa charge, que celui-ci eut facilement le lendemain du décès. Louis Phelypeaux, qui mourut en 1745, s'il ne fut point fait duc, eut du moins la promesse d'un tel honneur pour son fils, lors du contrat de mariage du comte de Saint-Florentin avec Mademoiselle de Platen. La chose se fit attendre pendant plus de quarante-cinq ans ; Barbier, généralement bien informé, dit qu'en 1758 on parlait de faire duc le comte de Saint-Florentin. La promesse ne fut toutefois réalisée que longtemps après, en juin 1770. La ville de Châteauneuf y gagna d'être appelée, pendant quelques années, la Vrillière, d'être la capitale du duché de la Vrillière et de posséder non plus une simple justice seigneuriale mais une justice ducale. Quant aux causes civiles, criminelles et personnelles, mixtes et réelles concernant ledit duché, elles devaient être traitées et jugées en première instance en cour de Parlement, à Paris ; c'était également en cour de Parlement, que devaient ressortir directement par appel les procès entre vassaux et justiciables du duché. J'aime à me représenter nos aïeux quittant pour un jour leurs durs travaux et se rendant, avec fifres et tambours, les cheveux en queue et la tête poudrée, au devant du nouveau duc. Ces gens du menu peuple se croyaient eux-mêmes grandis par la faveur de leur seigneur et maître. Et puis la population de Châteauneuf ne pouvait oublier les bienfaits du duc, sa générosité envers les pauvres.

Quelques faits et anecdotes méritent d'être retenus, par leur particularité, dans la suite de l'administration du duc de la Vrillière. Le médecin Morand, associé ordinaire de l'Académie royale des Sciences, s'était, depuis plusieurs années, occupé à examiner les charbons de terre des principales mines de France ; ses expériences l'amenèrent à conclurent que plusieurs mines fournissaient des charbons de terre susceptibles de suppléer avantageusement au bois à brûler. Le duc s'intéressa à cette découverte et, comme ministre, désira que les Mémoires de Morand fussent soumis à l'Académie des Sciences. Après l'épreuve qui eut lieu devant ce corps compétent, Morand obtint des lettres patentes et eut un atelier pour l'apprêt de ce chauffage. — En 1772, le duc de Duras, gentilhomme de la Chambre présenta au Roi le sieur Liégeon, architecte, qui mit sous les yeux de Sa Majesté les plans du nouveau Théâtre français suivant le projet de Pidansat de Mairobert et de Daudet de Jossan ; le roi chargea le duc de la Vrillière de faciliter les moyens d'exécution de ce plan. — Le 22 mars 1774, le même ministre vint poser la première pierre du Collège Royal ; l'abbé Aubert, professeur de littérature française, le salua par ce gracieux compliment :

> Du temple des Beaux-Arts relevez les débris.
> C'est là que l'on inscrit les Vertus bienfaisantes.
> Dans ces murs désormais nos voix reconnaissantes
> Mêleront votre éloge à celui de Louis.

Le duc de la Vrillière fut honoré de la constante sympathie de Louis XV. Les lettres patentes érigeant le marquisat de Châteauneuf en duché portent : « Les services qu'il nous rend depuis l'année « 1725, successivement au feu sieur marquis de la Vrillière son père, « nous ont fait connaître en toute occasion son zèle invariable pour « notre personne et héréditaire dans sa maison, une application « sans relâche à remplir les fonctions pénibles et assidues d'un mi- « nistère qui embrasse autant de différentes parties, et particulière- « ment celles de la religion dans toute l'étendue de notre royaume, « celles de nos provinces et pays d'État, ainsi que la plupart des « objets qui nous sont personnels ou qui intéressent notre Cour ; et « enfin la surveillance sur les différents détails qui peuvent contri- « buer au maintien du bon ordre, à la sûreté et à la tranquillité des « citoyens dans la capitale de notre royaume ». Dans ces mêmes lettres, ce monarque se plaît à louer sa probité la plus austère et la modération « qui lui ont acquis l'estime publique » et l'affection royale. La faveur extraordinaire et si longue de M. de la Vrillière frappa vivement les contemporains. L'auteur de la *Vie privée sous Louis XV* en a analysé les causes avec finesse, les demandant aux habitudes du roi qui redoutait les nouveaux visages, au génie médiocre du serviteur qui ne portait pas d'ombrage au Maître, mais lui inspirait confiance, et aussi à l'esprit d'ordre, d'arrangement et d'expédition dont Louis XV faisait un cas particulier. Comme on parlait un jour de sa disgrâce possible, le roi le rassura lui-même par ces gracieuses paroles : « Je ne veux pas, mon ami, que vous « me quittiez. Vous ne pourriez être heureux sans moi ni moi sans vous ». Pendant le séjour sur ses terres, le châtelain de Châteauneuf chassait à l'instar de tous les grands seigneurs ; mais, à la différence de beaucoup d'entre eux, il aimait à battre la plaine dans son domaine de la Queuvre, un bon coin pour la chasse aux perdreaux.

Il y fut hélas ! victime d'un terrible accident. Son fusil creva et lui emporta la main. A cette nouvelle, Louis XV lui écrivit une lettre affectueuse, exprimant un réel chagrin. Le ministre reçut la dépêche au moment où il subissait une douloureuse opération. Il en fut touché jusqu'aux larmes et à peine l'appareil était-il levé qu'il écrivait à son maître bien-aimé pour lui exprimer ses sentiments de vive gratitude. Il fit remplacer sa main par une main d'argent. Quant il parut à la Cour, le roi lui dit en l'embrassant : « Ami, tu « n'as perdu qu'une main, je t'en offre deux qui ne te manqueront pas ». Par des mots heureux comme celui-là, Louis XV racheta bien des fautes.

Nombreuses furent les épigrammes et satires à l'adresse de M. de la Vrillière pendant sa longue carrière politique. Barbier rapporte avoir entendu au Palais-Royal une conversation entre gens de considération peu flatteuse pour lui ; on le déclarait ironiquement bon pour la besogne qu'il avait à faire. Le duc de Richelieu ne s'exprimait pas autrement sur le mérite de la Vrillière dans la chanson : *les talents de Maurepas*. On y lit en effet :

> Le fils du petit la Vrillière
> Arrive en toute humilité.
> De Maurepas c'est le beau-frère.
> Il n'a pas d'autre qualité.

Le comte de Maurepas lui-même, dans *le Conseil des Ministres*, ne se traitait pas avec ménagement, mais n'épargnait pas non plus la Vrillière et en disait :

> Saint Florentin tout rondelet
> Comme tout le monde le sait
> Suit son cousin comme un barbet.

Saint Florentin était, en effet, tout gros et sa taille était semblable à celle qu'avait eue son père. Lors de l'arrivée de Morosini, de Luynes dépeignait le nouvel ambassadeur comme extrêmement petit, un peu plus grand que M. de Saint-Florentin. Cette disgrâce de la nature ne l'éloigna pas cependant des mœurs trop légères du siècle. Si rien n'indique que, dans ses domaines, il ait jamais manqué aux convenances, on ne saurait en dire autant de sa vie à la Cour. Invisible pour tous après neuf heures du soir, il vivait dans les plaisirs, avec cinq ou six personnes de peu. Voilà ce que raconte de lui, non une mauvaise langue comme Saint-Simon, mais Cheverny, auteur justement estimé et Barbier ne le contredit pas. Je cite en note les passages de *la Vie privée de Louis XV* concernant les amours de M. de la Vrillière, comme manifestation de la satire et d'un état d'opinion bien entendu ; car, si la Vrillière eut des mœurs légères comme tant d'autres d'ailleurs (Richelieu, le président Hénault, etc...), il avait trop le sentiment de sa dignité, il était trop dévoué au Roi et à ses devoirs pour mettre la main à d'indignes spéculations. Mais on verra, dans ces notes, à quels ennuis, à quelles malices de l'opinion s'exposent les Grands qui s'abaissent et se plaisent dans la société des femmes débauchées (1).

Louis XV mort, l'étoile de son favori pâlit et disparut bientôt de la scène politique. — L'estime publique, à son endroit d'ailleurs, n'était pas universelle, nous le savons déjà, et, en attendant son remplacement qu'on s'impatientait de ne pas voir paraître, le couplet suivant courait dans Paris et caractérisait le vœu général de son départ :

> Ministre sans talent et sujet sans vertu,
> Homme plus avili qu'un mortel ne peut l'être,
> Pour le retirer, dis, reponds donc, qu'attends-tu ?
> Je le vois ; qu'on te jette enfin par la fenêtre.

La Vrillière mourut tranquillement, sans postérité, le 27 février 1777 et, selon ses dernières volontés, on l'enterra, près de son père,

---

(1) 1753. « Il commençait à être gouverné par une Madame Sabattin, aventurière, dont les charmes l'avaient séduit. Il en était subjugué au point qu'il ne voyait que par ses yeux, qu'il suivait toutes ses impulsions et n'agissait que par elle. L'intérêt de cette intrigante, ne pouvant régner en chef, était . moins de dominer en second et conséquemment d'inspirer à son amant un asservissement absolu à la marquise. Madame de Pompadour, en reconnaissance, fermait les yeux au roi sur le trafic honteux que faisait cette femme cupide des grâces, des récompenses et même des rigueurs et des châtiments dont le comte de Saint Florentin était dispensateur. ... — 1774..... Ces bruits de disgrâce s'étaient accrédités lors de l'exil du chevalier d'Arc, favori de la marquise de Langeac, maîtresse du duc, dans l'intimité duquel elle avait fait mettre cet intrigant ; sous ses auspices elle commettait toutes sortes de concessions ténébreuses, qui avaient enfin éclaté ; mais le duc en fut quitte pour le sacrifier, en expédiant contre lui une lettre de cachet, que la jalousie seule aurait dû lui faire donner beaucoup plus tôt et qu'il signa en pleurant, convaincu du coup sensible qu'il portait à son infidèle. Le faible du ministre pour cette femme était tel que, malgré la maladie de Louis XV, il donna dans son hôtel une fête pour le mariage de sa fille avec le marquis de Chambonas ; indécence si étrange que M. le Dauphin, ne pouvant le croire, voulut s'en convaincre seulement par ses yeux... »

Cheverny dit encore pour une époque antérieure (1731-1755) : « Ayant une femme isolée et particulière, il soupait tous les soirs avec sa maîtresse. »

dans l'église de Châteauneuf ; après sa mort, son domaine fut vendu 800,000 livres.

La satire impitoyable le suivit par de-là le tombeau. Voltaire mit la marque de son esprit dans l'épigramme suivante qui fait allusion aux trois noms Phelypeaux, Saint-Florentin et la Vrillière.

> Ci-gît sous cette pierre un homme assez commun
> Ayant porté trois noms et n'en laissant aucun.

L'abbé Pataud (manuscrit d'Orléans) a transcrit deux autres épigrammes sur la Vrillière que je reproduis ici d'après lui :

> Ci-gît dans ce petit tombeau
> Le petit monsieur Phelypeaux
> Qui fût, malgré sa taille ronde,
> Compté parmi les grands de ce monde :
> C'est pour avoir été, dit-on,
> Grand imbécile et grand fripon

Autre épigramme sur la Vrillière :

> Bon, dit le diable, il est des nôtres,
> Je le cuirai comme un vilain ;
> Comme il n'avait qu'une main,
> Il volait par la main des autres.

Le père Le Long nous donne une liste de portraits de lui « Phelypeaux (Louis) comte de Saint Florentin, ministre, secrétaire d'État et du commandement, duc de la Vrillière, chancelier de la Reine, né le 18 août 1705 I. Louis Tocqué, p. 1749, J. C. Will, sc. 1751, in-fol. maj. (Beau). 2. J. M. Fredou, p. François, sc. in-4. » Ce n'est certes pas à tort que le savant oratorien qualifie favorablement la gravure faite, par Will, artiste d'origine Hessoise ou Prussienne, d'après le tableau de Tocqué.

Cette estampe est assurément une des meilleures de Will avec celles du roi Frédéric et du Maréchal de Saxe. Saint-Florentin est représenté assis, de côté, mais le visage presque de face, dans une pose gracieuse ; On remarque, outre la richesse des broderies, sa figure placide et grasse, son nez aquilin, ses yeux doux, et une bouche... ah! une vraie bouche de courtisan. Mais en vain le peintre a-t-il cherché à dissimuler par la pose la petitesse de la taille ; ce défaut de nature reste, quand même, apparent. La liste, présentée par Le Long n'est pas complète. Hall, de nationalité suisse, vint tout jeune à Paris. Quittant les chemins battus, il traita la miniature à la mode de l'aquarelle et, selon l'heureuse expression de M. Henri Bouchot il en tira « la malicieuse allure, ce je ne sais quoi de fûté et de joliment musqué et pimpant qui est tout le XVIII° siècle ». Hall fut vite recherché et l'histoire de l'art mentionne de lui une miniature figurant le ministre du Roi, seigneur de Châteauneuf-sur-Loire. Saint-Aubin grava, en vingt-quatre heures, d'après cette miniature ; il en tira quelques épreuves mal payées par l'abbé de Langeac qui les avait commandées.

APPENDICE

(a) A la liste déjà connue des gouverneurs de Jargeau qui précédèrent les La Vrillière, je crois utile d'ajouter ici Jehan de Chardon, seigneur de la terre et seigneurie de la tour de Richebourg en la comté de Montfort-l'Amaubry « gouverneur de la ville et pont de Jargeau » (1569).

(b) Je dois à l'obligeance de M. Lebert, notaire, la communication d'un inventaire fait le 28 juillet 1688 au château de Châteauneuf. Dans ces modestes notes, je n'ai pas l'intention de reproduire l'énumération du mobilier qu'il contient. On y remarque notamment des plats marqués aux armes, des aiguières, salières, chopines à la façon de Paris ou d'Orléans, des flacons d'étain, une belle vaisselle d'argent, des lits à hauts piliers, un grand billard, des armoires et cabinets de noyer, des fauteuils recouverts de brocard, etc. Des tentures de cuir doré, d'Espagne, et de satin, de Bruges, des tapisseries de Beauvais, Tournay, Felletin, Angleterre ornaient les appartements. Une tapisserie d'Auvergne représentait l'histoire de saint Hubert ; sur une de Tours, étaient plusieurs histoires de l'Ancien Testament ; une tapisserie des Gobelins, en 7 pièces, figurait Renaud et Armide ; sur une de Bruxelles en 6 pièces, on voyait une chasse. On ne trouve aucune indication détaillée des tableaux. Le château possédait un jeu de Paume.

Orléans. — Imp. G. MORAND, rue Bannier, 17.

www.ingramcontent.com/pod-product-compliance
Lightning Source LLC
Chambersburg PA
CBHW061530040426
42450CB00008B/1864